목어

목어

2025년 7월 17일 초판 1쇄 인쇄
2025년 7월 25일 초판 1쇄 발행

지은이 | 변형규
펴낸이 | 孫貞順

펴낸곳 | 도서출판 작가
       (03756) 서울 서대문구 북아현로6길 50
       전화 | 02)365-8111~2   팩스 | 02)365-8110
       이메일 | morebook@naver.com
       홈페이지 | www.morebook.co.kr
       등록번호 | 제13-630호(2000. 2. 9.)

편집 | 손희 양진호 설재원
디자인 | 오경은 이동홍
마케팅 | 박영민
관리 | 이용승

ⓒ변형규, 2025. Printed in Seoul, Korea.
ISBN 979-11-94366-84-3(03810)

* 이 책의 판권은 지은이와 도서출판 작가에 있습니다.
  양측의 서면 동의 없는 무단 전제 및 복제를 금합니다.
* 잘못된 책은 구입하신 서점에서 바꾸어 드립니다.

값 12,000원

작가 시인선 023

목어

변형규 시집

작가

| 시인의 말 |

어릴 적 시골 마을에서는 아침에 초가지붕 위에서 장닭이 울었다. 화려한 깃털을 한껏 뽐내며 목을 꺾어 '꼬끼오' 하고 울면 굴뚝 연기는 한가하게 솟아올랐고 솥뚜껑 여는 소리, 지게 목발 두드리는 소리가 조용히 났었다.

   어둠과 추위 속에서 떨고 있던 암탉들이 마당으로 노란 병아리들을 데리고 나왔다. 작은 병아리들은 원추리 새싹도 쪼아보기도 하고 작은 벌레를 보고 놀라워하며 신이 났었다. 마을은 이렇게 장닭이 불러낸 밝은 색으로 하루가 시작되었다.

   책은 마음의 얼어붙은 얼음 바다를 깨는 도끼여야 한다는데, 시를 이렇게 쉽게 쓰면 되는지 모르겠다. 세 번째 내는 이 시집이 화분 받침으로 되지는 않을까 조바심이 난다. 그러나 조용했던 시골 마을을 깨우던 장닭의 모습을 떠올리며 용기를 내어본다.

2025년 6월
변형규

차
례

시인의 말

1부

말똥구리	13
목어	14
사모思慕의 일기예보	16
제주도 돌담	17
춘하추동	18
도동 서원 은행나무	19
천사의 일기장	20
핸드폰	21
비 온 뒤	23
남해바다	24
복궤도로 밑 검은 바람	25
능소화 양반의 노리개꽃	27
물 마른 폭포	29

2부

고향 MRI	33
날마다 첫날밤	35
반딧불이의 노래	37
산정山頂 솔	38
다낭의 여인	39
똥광주리 사나이	40
김홍도의 서당 풍경	41
미녀봉 전설	42
두레우물	45
무궁화꽃	46
억새밭에서	47
녹월의 능소화	49
뿔처럼	51
꽃비花雨	53

3부

가로등 허리꽃	57
간절곶에선 알 수 있지	58
낮에 해처럼 밤에 달처럼	59
겨울 마늘밭에서	61
단풍 스냅 사진	62
지진 친구	63
귀뚜라미	64
황옥공주	65
거미 땅 부자	66
연꽃	67
우물의 깊이	68
즐탁송	69
달맞이꽃	70

4부

오 교시	73
두고 온 추석	74
호접란 찬송	75
가조 소림사	76
봉선화	77
명자꽃 설화	78
사랑방 비밀번호	79
봄의 교향악	80
내 인격의 김치 담그기	81
성모의 밤에	82
해어화解語花	84
성모님을 모시면서	87
기적의 손	92

시인의 산문	98

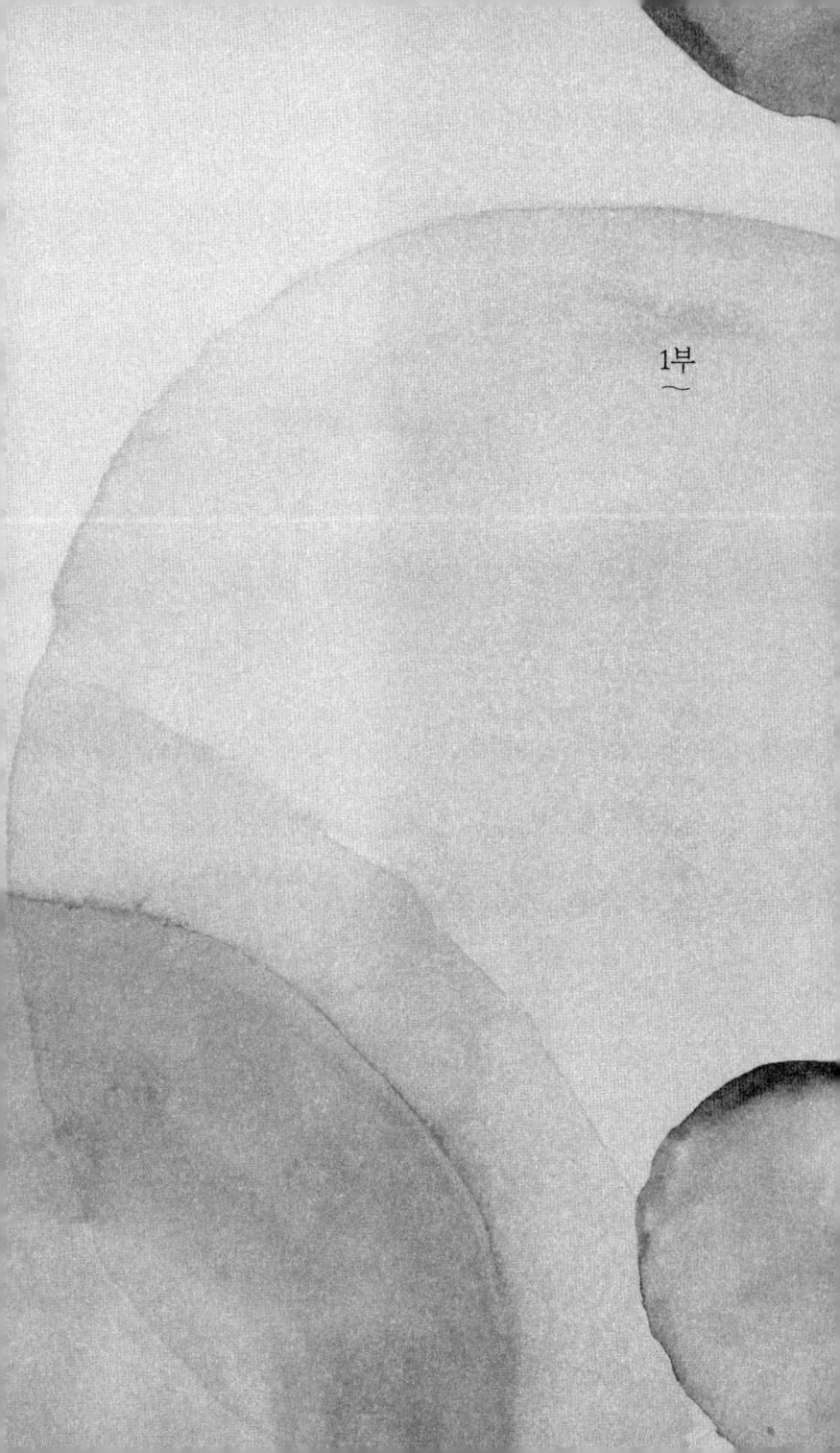

1부

말똥구리

말똥구리 한 마리
말똥을 굴리다 말고
더듬이 곧추 세우고
세상 돌아가는 뉴스에 혀를 끌끌 찹니다
지구를 마구 흠집 내는 인간을 보고
머리를 가로 휘젓고
지구가 부서질까 조심스럽게
이번에는 거꾸로 말똥을 딛고 서서
지구를 굴리고 갑니다
까짓 것 세상이 변하지 않으면
내가 변하면 되지 하면서 갑니다

지구를 걱정하는 게 인간만은
아닌 것 같습니다

목어

나무가 운다는 것이
물고기가 운다는 것이
말이 되겠냐마는
목어가 운다는 것은 말이 되겠다
자면서도 눈감지 않는다는
물고기 형상, 목어가 되어
나무가 운다는 게 말이 되겠다

나이 먹은 나무
속살 깎아 속 깊은 소리를 내면
청량산 말끔한 산사 기슭은
금박의 이파리들도 유선형 물고기가 된다
매달려 살면서 참 소리가 고팠던 중생이
목어 소리 듣고 산사로 와와 몰려드는 것이다

잘 때도 눈 감지 않는다는 물고기의 정진精進
속 비워 맑게 우는 목어木魚 앞에서
수많은 이파리들은 박수갈채로 응답한다

속 비워 소신껏 말하는 사람 간절해
참소리가 메마른 시대에 한 소절 듣고 싶어
산사에서는 오늘도 목탁을 친다

사모思慕의 일기예보

오늘도 하염없이 맑겠습니다
그대 사는 마을로 바람이 불겠습니다
시원한 비 소식은 없고
외로이 구름 한 장 떠 있겠습니다

당신은 높고 나는 가난해
기압골 형성도 어려운가 봅니다
무너질 듯 파란 하늘이 보이는 데도
터질 듯한 솜구름이 보이는 데도
한랭전선으로 둘러싸인 당신은
아직 소식도 없습니다

그래도 내일은 또 어떨까 싶어
편서풍偏西風 마음으로 당신을 그리며
쪽빛 하늘을 보며
하루를 살아가야 할 듯합니다

제주도 돌담

바람 많은 제주에서는
바람을 다룰 줄 안다
구멍 숭숭 뚫린 돌로
구멍 숭숭 뚫리게 담을 쌓는다
세찬 바람을 반으로 쪼개어 맞는다
바람을 맞으면서 바람을 이긴다

아픔 많은 제주도 사람
아픔을 다룰 줄 안다
구멍 숭숭 뚫린 가슴으로
구멍 숭숭 뚫리면서 삶을 산다
모진 아픔을 반으로 쪼개어 참는다
아픔을 참으면서 마침내 아픔을 이긴다

춘하추동

春
잔설 녹인 봄비가 마른 가슴 적시겠네
쟁기 아래 숨을 죽인 새싹들이 애처러워
깊은 산 조심해 우는 살아남은 뻐꾸기

夏
미루나무 끝이파리 트레몰로 연주법에
연못 속의 물무늬가 가로 세로 일렁여서
고상한 문인화 한 폭 마무리를 못하네

秋
낙동강 상류수 너무나 맑아서
윗 입술 산모습 아랫입술 산그림자
조용히 밀려나오는 단풍잎 한이파리

冬
땅땅 곡괭이로 찍어도 꿈쩍 않는
하늘 깊이 박혀있는 상겨울 보름달
매서운 기러기 떼가 강철 하늘 가르네

도동 서원 은행나무

도동 서원 은행나무는 늙어서도 학생이다
허리 꼬부라져 지팡이 짚고서도
아직도 낯선 문장을 외우고 있다
오백 년 전 생도들 어깨 너머 배웠던
아야어여 - 바람소리
가나다라 - 강물소리
한번 외운 구절들을 잊지도 않고
뾰족한 주둥이 콕콕 입을 벌려
파란 하늘 아래 노랗게 반짝이며
입을 모아 생글생글 잘도 읽어낸다
훈장도 생도들도 떠나갔지만
도동 서원 마당을 지키고 섰다
도동 서원은 아직도 명문학교다

천사의 일기장

천사의 속옷은 살색이던가
파란 날개옷 그 위에 흰 가운
장갑은 두 개를 꼈다
양말, 양말 위에 운동화, 그 위에 장화
마지막 방호경을 채우고 나선다
나라를 지켜낸 땅 대구에서
낙동강 전선을 지켜낸 어르신이
우리를 업어 키운 할아버지가
미세먼지보다 못한 총알받이가 되어
죽음의 문턱에서 마지막 인사를 하는 날
유언도 임종도 울어주는 절차도 없이
다만 방호경 너머의 눈만 지켜볼 뿐
뜨거운 노래는 땅에도 묻지 못하고
잘 가세요 편안히 잘 가세요
어려운 대면對面 한마디 인사로 끝낸 하루
그날 저녁 천사의 일기장에는
눈물의 마침표만 떨어졌다

핸드폰

야야, 소리에 벌떡 일어나
아니? 엄마 ㅡ
급히 핸드폰 사진방을 열었습니다
사랑채 마루에서 부르셨나 봅니다
뒤로는 아버지 두시던 바둑판과
삼국지 책이 쌓여 있었습니다
맑은 햇살이 고스란히 담겨 있고
나뭇잎 하나 노랗게 가을이었나 봅니다

엄마 ㅡ, 소리에 벌떡 일어나
아니? 야가 ㅡ
하시면서 허둥지둥 달려 나오실 것 같습니다
유모차 밀고 다니시던 등 굽은 어머께서
4층 요양원에서 나를 기다리며
막내가 끌던 휠체어에서 웃음 하나 남기시곤
너무도 먼 길을 가셨습니다

살아생전 믿었던 자식 마음 두드리려고
야야, 하셨나 봅니다

아니, 갇혀 있던 핸드폰 열고
잠깐 나오셨던가 봅니다
지구 반대편의 말도 실어 나른다는
핸드폰 열고

비 온 뒤

옷을 벗고 샤워하듯이 몇 방울 시작하더니
방망이질인 듯한 굵은 방울로 두드리더니
바람질로 이리저리 휘젓는 통에
이파리뿐 아니라 줄기조차도 휘어졌다
세제는 전혀 쓰질 않고 충분히 불궈서
온갖 짭잘한 것이나 말라붙은 고집들이나
꽁 시린 마음이나 상투 같은 미련들 풀고
탈수작업은 억지로 하지 않고
아침 바람에 설렁설렁 말릴 작정이었다
우리가 옷을 벗고 샤워하듯이
세상이 이런 사연으로 깨끗해지는 것이다
다이아몬드로 장식한 물방울 귀걸이가
아침 해 축복 속에 빛을 내는 것이다

남해바다

어느 모로 보아도
남해바다는 여성스럽다
구름은 얌전하고
바다는 풍성하다
찻잔처럼 단정한 모양새

모시 저고리 구름 아래
청람빛 주름치마로
부풀어 있는 바다

기다림의 나날로
부풀대로 부풀어
터질 듯이 풍성한 치마

단정한 여인네가
밤이면 나지막이
목물치는 소리를 찰싹이면
물정 아는 남정네들은
숨이 막히게 즐겁다

복궤도로 밑 검은 바람

어젯밤 땅속의 신음소리를 들었습니다
봉합된 복궤도로 틈으로 들리는 신음소리
덮고 눈감으면 들리지 않을 줄 알았는데
자동차 물결에 묻혀 들리지 않을 줄 알았는데
산소 호흡기 달고 가쁜 숨 몰아쉬는 하천의
흐느끼는 소리를 기어이 듣고 말았습니다
이럴 때 태양은 참 딱하게도 엉거주춤
하늘에 걸려 있고, 겨울나무들은
가시가 되어 하늘을 멍하니 찌르고 있습니다
속도에 감염된 문명이 만든 젓갈 항아리
하천이 하찮게 삭고 있습니다
이 시대의 젓갈단지를 열어볼 책임이
젓갈 담은 주인에게 있는 것입니다
그래, 우린 모두
검은 마이너스 주식을 갖고 있어요
금빛 물결 반짝이며 조잘거리던 노을이
궁싯거리며 숨어버린 그때부터 도시는
콜록콜록 기침소리를 대비했어야 했습니다
시대의 빚을 청산할 용기를 가져야 했습니다

복궤도로 밑 검은 바람은 외면한다고 지워질
소리가 아닙니다
시대 양심을 두드리는 간절한 소리입니다

능소화 양반의 노리개꽃

밤이 길었나요
비에 떨어진 통치마 노란 꽃이
길바닥에 밟히고 있었습니다

철탑 위의 방직공
무대 위의 걸 그룹
담장 위의 능소화는 양반의 노리개꽃
자본주의는 두꺼운 정의의 탈을 썼습니다
가진 자는 모두 정당했습니다

인생을 알기에 일찍 똑똑해져버린 그녀가
잡지 모델처럼 물웃음 하나로 출세했다고
담장 너머로 동창생을 한심하게 내려다보던 그녀가
기생꽃이라곤 꿈에도 생각 못한 자존심의 그녀가
통치마 자락으로 구두 밑창에 밟히고 있었습니다

세상이 철탑 위에 올라가 저항하기보다도
칭찬과 돈방석의 유혹이 더 어렵다는 것
그녀는 왜 몰랐을까요

고향 마을 담장 위의
푸른 하늘 하얀 구름
외롭게 높게 쓸쓸하게 살자던 굳은 약속이
이른 아침 출근길 바닥에 밟히고 있었습니다

물 마른 폭포

이끼조차도 바싹 말랐다
물 마른 폭포
바닥이 돌 냄새가 난다
소沼를 이루던 바닥이 하얗게 비었다

굳센 소리는 잊은 지 오래
물고긴 커녕 풀 한 포기도 살리지 못하는 폭포
비류직하飛流直下의 함성은 어디 갔는가
어약중천魚躍中天의 하늘은 어디 갔는가

양심이 넘치는 소리
생명이 넘치는 소리
기백이 넘치는 소리
신념이 넘치는 소리는 어디 갔는가

자긍심으로 살아야지
뿌듯함으로 살아야지
하늘 향해 부끄럼 없이 살아야지
귀가 살고 입이 살아 있어야 하지

몸 깊은 속 심장에 힘이 있어야 하지

하얀 물보라 일으키며
우렁찬 굉음이 지축을 흔들던
의기와 용기와 정의가 용솟음치던
그 자랑스런 함성을 다시 외쳐야 하지

2부

고향 MRI

움직이지 마세요
시끄러울 수 있으니까
놀라지 마세요
결과는 한 시간 후에 나옵니다
내 몸의 뼈까지도 눈으로 볼 수 있는 MRI

고향을 MRI로 찍어 봅니다
배수로 옆 자리는 옛날 빨래터
다리 밑은 징검다리 놓였던 자리
초가집 마당에 바지랑대
고추잠자리 그 위에 두고 온 하늘
아, 그리운 어머니 얼굴
못난 자식 기다리던 흰머리 어머니
아플세라 다칠세라 어머니 마음

고향을 떠나온 후에
고향은 뼈를 묻어버리고
문명의 옷을 걸치고 변해가고 있습니다
낯선 얼굴 낯선 풍경 아, 그러나

그 속에 잊지 못하는
소중한 것들이 묻혀 있습니다
고향도 이제 MRI로 볼 수 있으면 좋겠습니다

날마다 첫날밤

칠 백리를 우람차게 흘러온 낙동강이
수줍은 맑은 물 금호강을 만나는 곳

바람 불면
갈대밭에 거문고 소리
거울처럼 깨끗한 금호강이
초례청 차려 놓고 기다리는 곳

둘러선 산들이 병풍이 되고
달이 찾아와 등불이 되고
바람으로 이불 펴는 곳
낙강과 금호가 여기서 몸을 섞는다

강과 산과 바람과 달이 만나
강산풍월을 이루는 곳
큰 언덕 대구는 이렇게
좋은 곳을 데리고 있었구나

배를 띄우자, 풍류를 띄우자

절경에 어울리는 즐거운 하루
자연은 그대로 방치하는 것이 아니라
아껴 쓰고 깨끗이 돌려주는 것

반딧불이의 노래

나무도
천 번을 문지르면
불이 붙듯이
보고 싶은 마음으로
가슴을 쓰다듬어
반딧불이 되었답니다
외딴 곳 깊은 골짜기에서
천 번을 보고 싶은 생각으로
깨끗한 이슬 마시며
천 번을 보고 싶은 당신을 기다리며
가슴을 혼불로 밝힌답니다
넘쳐나는 사랑의 헛구호에
사랑을 잃어버린 사람들
천 번을 보고 싶은 당신을 기다리며
단 한 번의 진정한 사랑에
온 몸을 밝힌답니다

산정山頂 솔

산정은 높고 가난해서 외로운 곳
바람이 모질기가 바늘 같아서
갈라 터지는 살갗의 뼈저린 아픔
짓누르는 웬수덩어리 바위조차도 고맙다
밤이면 별을 보며 기도하는 산정솔
하늘의 소리를 낸다
몸을 적시는 이슬 한 방울이 재산이다
산 아래에서 넉넉히 사는 사람은
뼈를 깎는 가난을 모른다
사람다움의 가난을 겪은 사람은 사랑을 안다
진실 없는 사랑은 사랑이 아니며
사랑 없는 진실은 진실이 아니다
내가 키우는 한 치의 높이가 산의 높이다

다낭의 여인

원 달러 무릎 앞에
물대야 받쳐 든 여인
한강의 출렁이는 밤물결처럼
가슴 설레는 밤이 있어서
손놀림 빠르게
발가락 정강이 허벅지까지
이름도 얼굴도 모르는
히멀건 자본의 육체를 놓고
오늘도 아이의 학비를 벌고 있다
나는 다만 그 앞에서
미안하고 송구하고 고맙습니다
그냥 웃어도 광고가 되는
예쁜 다낭의 여인
고된 일과를 끌어 담고
잠터에 오면
남의 편 한 사람이
내 자식 옆에서 곤히 잠을 잔다

똥광주리 사나이

검게 탄 몸
강 깊이 노를 꽂아
다낭의 혼을 깨운다

배는 돌아서
물레가 되더니
어느새 팽이가 되어

하늘로 솟구친다
용오름의 기세로
회오리바람이 일고
물보라 따라 솟구친다

배와 하나로 되는 재주에
함성이 일고 박수가 몰아친다

노에 얹어주는
원 달러 팁
좋은 물 만나면
하늘도 날 것 같은
다낭의 혼이여 젊은이여

김홍도의 서당 풍경

따분한 봄날
서당의 살구꽃이 잔뜩 부풀었어요
새내기 막내가 숙제로 낸 천자문을 외는데

"하늘 천 따라지 가마솥에 누룽지"

가는 귀 잡수신 훈장님은 어리둥절하시고
생도들이 까르르 까무러칩니다
하늘 天이 무너져 따라 地가 되고
가마솥에 누룽지로 모두가 익은 한판

막내 천자문에 웃음 문이 활짝 열리고
놀란 살구꽃 봉오리가 팝콘처럼 터집니다
산골 마을이 갑자기 살아납니다
한 장 그림으로 환하디 환한 조선 풍경입니다

미녀봉 전설

춘春

 총각 선생이 흙내 나는 산골에 부임했지요. 산골 처녀 빨래하는 징검다리 위로 총각 선생 지나는데, 가슴이 두근거려, 뺨이 붉어, 살구꽃 꽃 같은 선생님이라. 시골 처녀 가슴에 분홍 봇물이 출렁이고. 그해 봄 뭉게구름은 뭉게뭉게 달아올랐지요. 버들잎 파랗게 담긴 편지가 옵니다요. 주소 이름도 없는 편지가… 총각 선생 책상 위로 쌓여만 갑니다요. 누굴까 편지만 보내는 사람.

하夏

 …나를 좋아한다는 확신이 설 때 저를 밝히겠어요. 당신은 떠나면 그만이지만 소문나면 버려진 나는… 그냥 남몰래 사랑했던 시골 처녀로 남고 싶어요. 편지 전달 아이를 찾았습니다. 죄 없는 죄인인 양 우는 아이 배달부, 편지만 보내지 말고 만나자고 전하라고. 오! 처녀, 총각의 만남입니다. 달뜨는 보름날 그것도 다릿걸에서, 상상만 해도 참한 풍경 아닌가요, 막차도 끊긴 시골의 밤 아홉 시 다릿걸,

추秋

그런데 그저 조용하기만 했습니다. 총각도 처녀도 바람 맞고 말았습니다요. 총각은 머리에 병이 났고, 처녀는 가슴에 병이 났지요. 빨간 단풍은 그대로 멍이 되어 싸늘한 가을이 왔습니다요. 철석같이 약속해 놓고… 배신의 가을에 총각은 짐을 꾸립니다. 부모님이 총각 귀신 만들지 않겠다고요. 총각 선생 갈려 가는 날. 울고 왔다 울고 가는 첫 사랑 가조 땅, 전교생이 두 줄로 서서 손을 흔들지요. 버스는 다릿걸을 지납니다.

동冬

그런데, 그런데 말이지요. 저 멀리 징검다리 위에서 우뚝 한 마리 사슴처럼 바라보는 시골 처녀…. 아! 저기도 다릿걸! 서로가 기다렸던 콘크리트 다리와 섶다리는 그리 멀지 않았습니다. 저기도 다릿걸… 여기도 다릿걸, 두 개의 다릿걸은 그리 멀지 않았습니다요. 그 길로 처녀는 도시 총각 보이는 산에 올라 미녀봉이 되었답니다. 인연이 아닌가 봅니다. 도시 총각과 시골 처녀. 다시 갈 수 없는 그 곳.

후일담後日譚

　시집 갈 처녀는, 처녀는 한 번 준 마음 바꿀 수 없습니다. 애기를 가졌다고 거짓말을 합니다. 집에서 쫓겨납니다. 산을 오릅니다. 저 산 너머 살고 있을 도시 총각 찾아 무작정 산을 넘던 처녀가 산마루에 누워서 미녀봉이 된 것은 확실합니다. 한번 준 마음은 변치 않는 시골 처녀를 찾아 가조에 오는 도시 남자들, 미녀봉 바라보며 하룻밤을 소줏병과 뒹구는 것 보면 정말 확실합니다.

두레우물

물 좋은 샘내 마을
마을 복판에 두레박 달린 우물
하늘만큼 우물도 깊었습니다
한가한 구름이 일렁이며 지나가고
밤 되면 보름달은 우물 속에서 더 환했습니다
한 젖 물려 열 아들 키우듯
두레우물은 마을의 젖줄이었습니다
아낙들 우물가에 수다거리 씻으러 나와서
앞치마 정한 새댁을 부끄럽도록 쳐다보던 곳
인정에 고팠던 한실댁이
구름 한 동이 담아 놓고 한동안 앉았다 가던 곳
물갈이 논에 물 들어 가듯
집집마다 물동이 행진이 이어지고
두레 밥상 닦고 설거지 마친
두레마을 사람들 잠든 얼굴이
보름달같이 환한 밤이면
두레 마을 여자들에게는
두레우물 우물물이 철철 고였겠지요

무궁화꽃

이제는 나라만이 부모라고 여기면서
나라 위한 나날만 살아왔는데
진실이 없는 보도, 부풀린 분노
눈도 귀도 매도당한 군중의 함성
잘 해 보려는 게 죄가 되었나요
한 푼도 안 받은 게 뇌물이 되었나요
이것이 나라 위한 길이라면
얼마든지 맞겠어요
표 던졌던 사람들 돌 던지네요
얼마든지 맞겠어요
똑똑한 어리석은 사람들
지면서도 피는 것이 무궁화 꽃입니다
잘라도 다시 자라는 것이 무궁화꽃입니다
다시 일어서세요
이제부터 양심은 시작입니다
양심으로 이긴 자들 시를 씁니다
시가 없는 나라 미래가 없습니다
무궁화꽃은 위기에서 피는 양심의 꽃입니다

억새밭에서

너는 초월을 꿈꾸는 몸부림
이순의 나이에 투명한 피부를 가졌다
우리가 잠든 새벽에도 하늘을 향했지
잎들도 바람을 쪼개어 노래를 만들지
까칠한 성격이 어디서나 잘 자란다지만
자유로운 곳에서 자란다고 해야 옳겠다

외롭고 높고 쓸쓸한 족속, 억새야
괜찮다… 괜찮아… 괜찮아…
내 인생에 가을이 오면
네가 만든 머리칼에는 은색이 정답이다
머리카락에 에피파니의 햇살이 달라붙고
너의 피부가 그토록 맑고 투명한 것은
견고한 언어로 설명해야 겨우 알 수 있다

하늘에 머리칼을 적셔 본 사람은 안다
얼마나 맑은 꿈을 가져야
하늘을 닮을 수 있음을
얼마나 가벼워야

자유로울 수 있음을
바람을 쪼개면서 노래하는 억새여
창공에 분신을 날리는 억새여
나도 늙어가면서 머리칼 하나
푸른 하늘에 날리고 싶다

녹월의 능소화

여름 가득한 녹월綠月에
능소화 만발하다
높은 담장 위 얼굴 밝혀
녹綠한 아래를 내려다보며
밝은 마음, 양심良心을 외치는 꽃

풀들이여 찌르기만 하는 풀들이여
부끄럽지 않은가 부끄럽지 않은가
힘 없으면 죄 없는 사람도 감옥 가는가
돈 한 푼 안 받고도 뇌물죄가 되는가

비 오면 비 맞는 풀들이여
능소화 푸른 잎은 아래를 덮어주고
능소화 밝은 꽃은 세상을 밝혀준다
힘 있는 자 역사를 쓰지만
양심 있는 자들은 시를 쓴다

한번이라도 생각하라 무관심한 사람들아
양심의 감옥에 갇힌 사람들아

죄 없는 사람도 덮어쓰면 죄인이라고,
공부도 못하면 감옥 가야 되는가

나는 모른다. 나는 모른다
외면하는 사람은 어느 나라 사람들인가
부끄러운 지금을 나중에 세상은 말할 것이다
능소화, 네가 세상을 이겼다라고

뿔처럼
- 독도 예찬

멀리서 처음 본 너는
망망대해에 펼쳐진 깃발로 보였다
험난한 파도에 맞서서 흔드는
녹색의 의연한 깃발이었다
여명의 첨병尖兵, 어둠에서 첫획을 그리는
고귀한 깃발로 너는 서 있었다
그리고 너의 장한 모습 뒤에는
가장 장엄한 하늘이 배경으로 있었다

다시 눈을 뜨니
너는 우뚝한 촛대였다
부동不動의 자세로
상방향 화살표처럼 우뚝한 촛대였다
백두대간의 지맥이
동해를 자맥질해 불끈 솟은 촛대, 그 위로
매일 하나씩 영롱한 태양을 얹었으리라

다시 지도를 보라
한반도의 꿈틀거리는 지맥이 뻗어

물속을 자맥질해
무소의 뿔처럼 내민
독도로 보이지 않느냐
너의 장한 모습 앞에서는
웅변조의 말밖에 수식할 말이 없다
나타(懶惰)와 비겁의 태도는
무소의 뿔 앞에서 사라져야 한다
무소의 뿔처럼 온몸으로 밀고
나아가야 하지 않겠느냐고
너는 온몸으로 보여준다
무소의 뿔처럼 미래로 밀고 나아가라고

꽃비 花雨

봄 한철 너를 향해
격정을 품고 피웠던 꽃잎
그 꽃잎, 이제는 보내야지
용서를 빌며, 이별을 통보하는
하얀 꽃비를 맞으며
벚꽃 터널을 지날 때
흘리는 눈물인가 비가 오는데
기억의 토막 그림들이
내 몸에서 떨어지는 비듬처럼
보도블럭에 화문花紋으로 박힌다
차마 눈 뜨고는 밟고 가지 못하고
더듬거리며 내 눈물샘만 누른다

3부

가로등 허리꽃

가로등
문명 시대의 망부석
기다림의 넋이 돌로 된 여인
백제의 밤을 아직도 지키고 섰습니다
가는 허리 밤새워 어둠을 내몰며
거리는 등불로 따뜻합니다
기다림이 다소곳한 당신 향한
귀갓길 늦은 내 그림자가 부끄러운데
당신, 허리에 꽃을 두르고 있군요
한때 혼자 시절 기둥을 껴안고
외로움을 호소하던 그 허리에
샤피니아 꽃을 두르고 있군요
등불로 밝아지는 거리
꽃으로 행복해지는 마음
오늘 저녁 깊은 밤
저는 소금덩이 몸을 끌고
허리에 핀 샤피니아 꽃 이름을 확인하며
망부석 마음으로 기다리는
불빛 동그라미 아래로
그림자를 끌고 들어갑니다

간절곶에선 알 수 있지

멍든 바다가 힘을 다하여
날카로운 바위에 찢기면서도
갈갈이 부서지며 하얀 고백告白을 하는 이유도

태평양을 건너 온 매운 바람이
가슴을 비집고 파고들어
이렇게 옷소매를 붙잡고 늘어지는 이유도

높이 솟은
간절곶 소망 우체통이
연인들의 소망을 이루어지게 하는 이유도

간절곶에선 알 수 있지
갈 수 없는 곳에서 길을 만드는
'간절'이라는 말을 앞에 붙이면
이 모든 이유를 알 수가 있지

낮에 해처럼 밤에 달처럼
- 결혼 축하시

낮에 해처럼 밤에 달처럼
골짜기와 산마루 내려다보는
아름다운 마음이 사랑입니다
사랑이 만난 아름다운 동행

그 오랜 세월
당신을 만나려는
기다림이었나 봅니다
우리가 서로 기적처럼 만나
우리가 서로 기둥이 되어 주는
따뜻한 동행이 되렵니다

따뜻한 동행에는 비가 내리지 않습니다
서로가 지붕이 되어 주기 때문입니다
따뜻한 동행에는 바람도 불지 않습니다
서로가 바람막이가 되기 때문입니다

마주 보는 시선을 앞으로 돌려
나란히 앞을 보며 미래를 열겠습니다

하늘의 바람이 춤출 수 있도록 사랑하지만
사랑이란 이름으로 구속하진 않겠습니다

있는 그대로의 당신
그냥 포근한 당신
감동의 말 한마디로 행복은 가득해지고
어깨 손 하나에도 따뜻함이 전해옵니다
그저 바라만 보아도 좋은 당신
당신을 사랑합니다

겨울 마늘밭에서

이 집에 평화를 빕니다
겨울 마늘밭에 찾아가서
인사를 하였더니
빤질거리던 마늘 알맹이들이
싹으로 돋아나서
두 팔 쳐들고 파랗게 흔들며
와! 하고 반기는데
하나같이 모두가 어서 오라고
두 팔 쳐들고 환영하였습니다
우린 당신이 와서 춥지 않다면서
나를 봄처럼 환영하였습니다

단풍 스냅 사진

철이 든 후로 만나지 못했던
솜털이 보송했던 그 여학생
단풍처럼 곱게 나이 든 그녀를
동창회에서 만났습니다
눈가에 주름을 얹고 웃는
갈색 웃음이 나긋해서
낮술에 큰맘 먹고

나, 너,

좋아했었다고 말하고는
철 익은 단풍 쪽으로
얼른 고개를 돌렸습니다
오십 년 넘어서 생긴 용기가
철 익은 단풍에 뒤섞여
찰칵 한 장 스냅 사진으로 박혔습니다

지진 친구

자넨 결코 내 편이 되어 준 적은 없었네
내 머리를 툭 치면서 예기치 않게 찾아오는 자넨
밉지만 내칠 수 없는 친구 사이다

오십 층 고층에 살면서도 그 높이에 대한
불감증이 나의 오랜 지병이다
수돗물도 전기도 당연히 나와야 한다고 생각했던
착각이 오래전부터 내 머리를 각질화해 버렸다
지각변동이라든가 힘의 불균형으로 안심하고 살았다

달걀 껍질같이 떠 있는 땅을 지각이라면서
어지럽지 않은 것이 정상인가
다만 조심하는 말 한마디쯤 이 시대에 필요한데
잇속만 챙겼지 살아가는 것에 대해 진지한
성찰이라 한 번이라도 있었던가

자넨 방문 시간을 모르는 친구라지만
지구용 통일 시계만 차고 있는 세상이
자네 방문 시간을 알지 못하는 것일 뿐이네
아무리 밉지만 껴안고 가야 할 동반자인 자네를
적으로 싸잡아 생각 말고 지진 친구로 인정해야겠네

귀뚜라미

가을 밤 외로운 밤
벌레 우는 밤
가난한 사람들이 더욱 가난한 밤
아픈 사람이 더욱 아픈 밤
하늘은 높아서 멀기만 한데
밤하늘은 더욱더 깊어만 가는데
밤을 견디지 못하는 귀뚜라미가
귀뚜러 귀뚜러 귀뚫어라고 운다
아파 본 사람이 아픔을 안다면서
귀뚜러 귀뚜러 밤하늘에 울릴 때
가난하고 아픈 사람을 아파하는
가슴 한 모서리가 무너지고 있었다

황옥공주

잠옷이 얇은 공주여 멀리도 왔구나
그리움은 너울대는 금잔디빛 물이랑
은빛 천으로 바다를 덮는 달빛도
수면을 흔들리며 물무늬 그리고 있었다

요술의 황옥구슬에 맨몸 계집애들 비치겠지
미역냄새 머리카락 처녀애들 보이겠지
보릿골 밟고 김매다 잠시 호미 내려놓고
둥둥 떠가는 구름 보며 허리 펴시는 어머니 보이겠지

쉬폰 드레스 잠옷 바람으로 바위에 앉은 그녀
풍덩 자맥질로 관능의 수밀도 가슴을 식혔을까
외치는 파도의 소리는 목이 쉰 줄도 모르면서

몇 줄기 등불 세워 놓고 밤풍경 보는 연인들이여
그리워 그리워 바위에 붙어버린 공주를 보라
부산 밤바다는 낭만의 세상으로 통하는 출구
저기 저 황옥공주의 쉬폰 드레스
환상을 여는 바탕화면으로 아름답지 않은가

거미 땅 부자

하늘에 그물을 걸어라
그의 희망은
하늘에 거처를 옮기는 것
도저히 오를 수 없는 목표
바람에 맡겨 터 잡은 곳에서
하늘을 촘촘히 엮어 나간다
우리 삶이 나날이 벽돌 쌓는 지겨움
아웅다웅하는 땅 뺏기놀이
목숨을 담보로 전쟁놀이에 빠져 있을 때
그는 보란 듯이 하늘을 가꾼다
무한히 펼쳐진 영토에 투자를 한다

연꽃

구천에 뿌리 뻗어
싱싱하고 푸르게 전개하는
아홉 물음표

그 한가운데 빵 터뜨리는
느낌표 하나
구문일답九問一答

참!
멋지다
그래 세상에 꽃이 정답이다

우물의 깊이

한 평도 되지 않는 우물에
운동장만한 하늘이 담겼네

한 길도 되지 않는 우물에
천길 깊이의 구름을 담았네

송곳하나 꽂을 틈 없다는 마음도
세상 모두 담을 수 있는 우물이다

즐탁송

탁구대는 반듯하고
공은 둥글어서
탁구치는 마음은 반듯하고
서로는 둥글어야 한다
마주하는 상대는
공을 주고 받는 소중한 파트너
남녀노소 상하귀천
가리지 않고
계절에 관계 없고 주야에 가능한
단시간 운동, 운동 효과 만점
탁구장 흘리는 땀방울은
열 첩의 보약이다
서로 존중하고
배려하는 마음으로
톡탁 건강을 쌓는 소리
톡탁 톡탁 우정을 쌓는 소리

달맞이꽃

스며 번지는 먹물 같은
어둠 속에서
맑은 물에 뜨는 달인 양
노란 얼굴 달맞이꽃
강둑에 앉은 그 고운 얼굴
노숙하는 망초들 틈에서
얼마나 떨며 기다렸을까
어리석은 마음 하나 열려고
강물은 소리도 미안해서 조용히 뒤척였고
달빛은 맑아도 따뜻하지 못했겠지
터지는 물을 막는 완강한
팔뚝 같은 강둑에서
마음 두드리다 울고 간 사람
그날 이후 사랑의 죄인 하나가
밝은 달만 보면 고개를 숙이는 것이었다

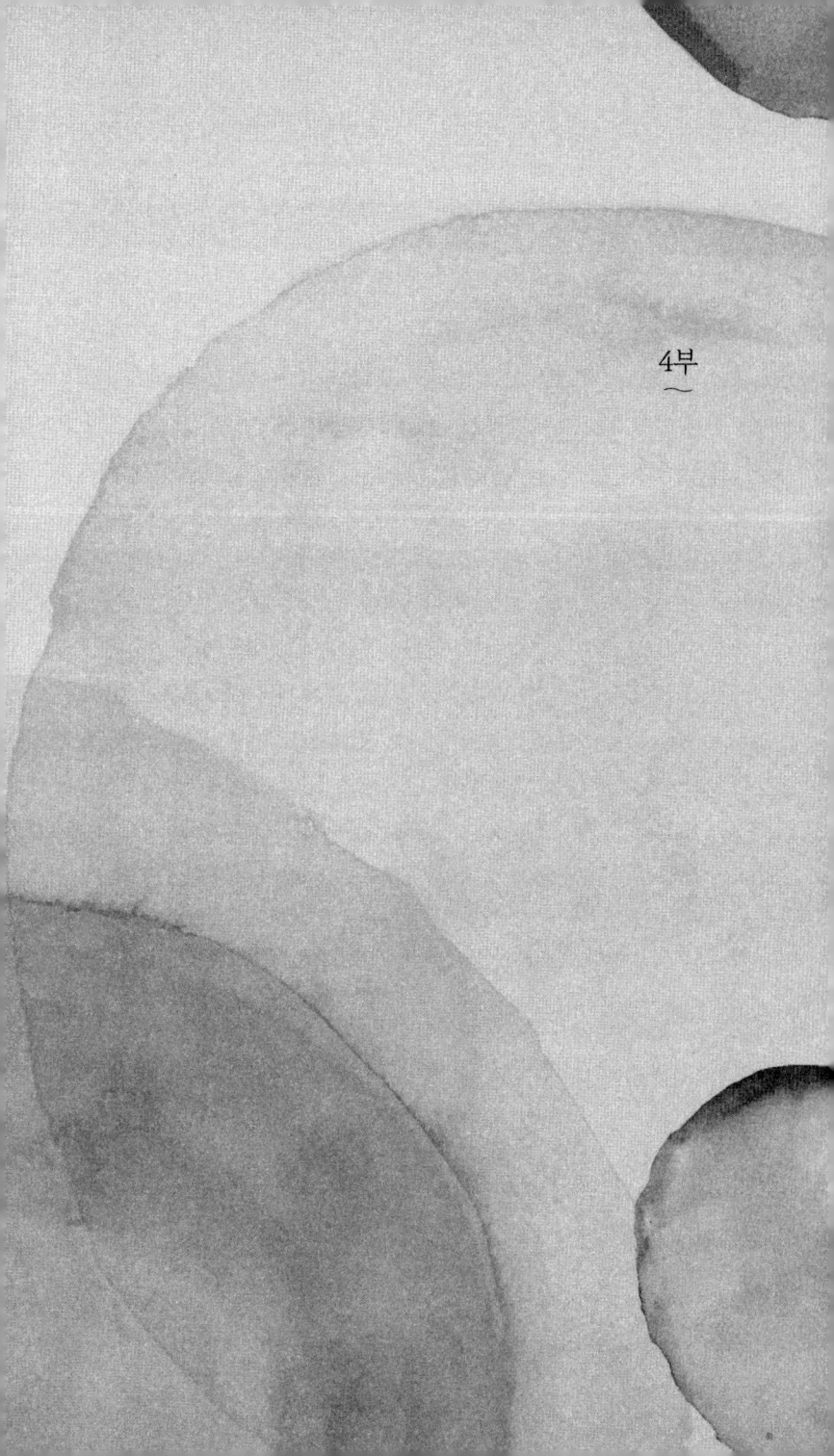

4부

오 교시

나른한 5교시 수업시간에
김은혜가 무언가 열심히 그리길래
가만히 등넘어 보다가
은혜가 아니라 선생인 내가 들켰다
부끄러운 얼굴을 감처럼 숙이는데
오!
십 년 전 학생 때 내가 그렸던
긴 머리 짧은 치마 멋진 여학생
그 여학생의 짝꿍을 그리고 있었다
롱다리 꺼벙머리 멋진 남학생을
어떻게 알았는지 그리고 있었다
가슴에 묻고 살았었던
아리따운 여학생의 짝꿍을
그리다 들켰다 나도 들켰다

두고 온 추석

추석을 두고 왔습니다
마음 착한 추석을 두고 왔습니다
텅 빈 하늘에 걸린 둥근 달 아래
깻잎의 반짝이는 얼굴들
가난을 지키는 담장 위의 호박
눈을 감으면 더 잘 보이는 그 산등성이
모두가 다정하고 착한 그 속에서
부모님 누워 계시는 산소에 절하고
어깨가 시린 허수아비 들판에 세워 둔 채로
추석을 두고 왔습니다
마음 착한 추석을 두고 왔습니다

호접란 찬송

님의 전 생애가
오롯이 한 마음 꽃이 되는 것
뿌리도 줄기도 꽃을 받들어
청람색 하늘 바탕에
나비처럼 날아 올라
둥실 두둥실 자유로운 꽃
몸 바쳐 사랑할 줄 아는 사람
몸 바쳐 꽃이 된 사람
일생을 높고 외롭게 살다간 사람이
하늘 높은 곳에 영광을 만들었답니다
님의 전 생애가 죽음을 이긴
오롯한 한 생이 꽃이랍니다
아! 하늘의 님이시여

가조 소림사

산은 병풍산, 병풍으로 둘러서서
소림사 절을 모셨다
입구 해우소에서 세속의 허리띠 풀면
서슴없이 구름밭을 건너는 마음
부처님 머리 닮은 불두화 아래
스님 가꾸신 맨드라미 맨몸이
열정으로 타오르는 여름 아침이다
돌계단 올라 열린 법당문 너머로
마스크도 안 쓰신 부처님 계셨다
가조 분지를 눈 안에 넣고
잠잠 적적 편안한 모습
열반의 경지를 보여주고 계셨다
푸른 산은 변함없건만
아침 햇살은 몇 번이나 쌓였던가
때마침 보해산 눈부신 햇살이
금빛으로 부서지고 있었다

봉선화

친구 동생 새침데기 봉선이
손잡으면 화들짝 뿌리치며
꺄르륵 수줍게 하늘 찔러 보였지

여름 한철 훌쩍 자란 봉선이
빨간 원피스 차려 입고
하트인사, 사·랑·해· 라고
송이·송이 웃는 얼굴로 반겼었지

가을 칠흑의 밤
번개시장 골목 어귀
꺾인 가지로 철망에 걸려
고함치고 있었다
그놈의 사랑 때문에
사랑을 아파 본 사람이 사랑을 안다고

명자꽃 설화

외딴집 무당댁 살던 터에
빨갛게 핀 무당꽃이 명자꽃이랍니다
구국새 울음이 핏방울을 쏟아내는 봄이면
가시 속에 피는 꽃, 피꽃입니다
아랫마을 함석집 천주당에서
풋새같은 무당딸이 사람으로 대우받고
가시 많은 삶, 정 붙여 살려 했는데
예수쟁이 붙었다며 솔가지로 때리고
밥 때마다 매 맞고 쫓겨나 울던 자야는
징소리 철 그릇 깨지는 소리에도
끄떡없던 신심 깊은 자야는
어느 해 수난절에 맑은 영혼 그대로
무당 어매 두고서 숨을 거두었습니다
사랑 때문이란 유언도 없이
돌무덤 하나 만들고…
이제는 징소리만 징하게 남은 집터에
봄이면 밭갈이하는 총각의
눈시울을 젖게 하는 꽃으로 피었답니다
초록치마 다홍저고리 청순한 처녀
맑은 영혼 붉은 얼굴 명자꽃이랍니다

사랑방 비밀번호

8253
내 사랑방 비밀번호랍니다
그대에게 갇혀버린 내 마음의 사랑방
사랑하는 내 마음 알아줄 때까지
사랑한다는 고백을 들을 때까지
내 마음 잠궈둘게요
내 마음의 문을 두드릴 때는
8253 비밀번호 눌러주세요
빨리 오삼 비밀번호 외우기 쉬워요
내 마음 들킬까봐 조심스럽게
당신에게만 가르쳐 드립니다
내 사랑 방 비밀번호 8253입니다

봄의 교향악

보청기를 처음 끼던 날
들리지 않던 새소리가 들렸어요
하늘이 맑아 신나게 지저귀는 새소리
마당가 팔랑거리는 가랑잎 소리도 들렸어요
느릅나무 속잎 터지는 소리
가지마다 물 오르는 소리
봄 잔디 흙을 밀고 터져 나오는 소리
씨앗들 터지는 외침 소리
차고 넘치는 세상 소음 속에서
조용히 생명을 키우는 외침소리를 들었습니다

내 인격의 김치 담그기

배춧잎 같은 머리칼은
정갈하게 씻어서
소금에 절여 숨을 죽여야지
나를 죽여야 나를 살릴 수 있지
고독한 새벽 별빛을 보면서
앙금은 가라앉고
아침 햇살에 다시 태어난 나의 인격에
양념장을 바른다
맛갈스런 고추 마늘 파 생강을 넣고
비로소 나는 손님 앞에 나선다
내 인생 그냥 살기에는 아까운 날들
나는 나를 김치로 담그듯이
조금은 맛남을 위해 살고도 싶다

성모의 밤에

세상 곳곳에 어둠이 크다고
더 커다란 불을 켜야 하는 것은 아닙니다
작은 촛불 아래에서도 어둠은 사라집니다

세상 살아가는 시끄러운 소리가 크다고
더 큰 기도 소리를 내야 하는 것은 아닙니다
작은 기도 속에서도 마음의 평화는 옵니다

어둠을 보지 말고 밝음을 찾는 눈을
소음을 듣지 말고 고요를 찾는 귀가
어둡고 시끄러운 세상을 사는 우리에게 필요한 것입니다

눈과 귀를 열고 마음을 열어 세상을 보면
낯익은 오월의 풍경들이
세상에 가득 하느님 사랑을 담은
아름다운 시로 보입니다

은총과 사랑을 무상으로 퍼부어
신록의 나무숲을 만드시고

장미향을 피우시는 오월의 황홀한 밤에
눈을 열고 귀를 열고 당신을 맞이합니다

사랑의 기적 속에 우리가 살고 있음을 확인하는
너무나 행복한 성모님의 밤입니다
오늘 밤 우리는 당신 사랑에 감사를 드리며
촛불을 밝혀 들고 장미꽃을 드립니다

사랑은, 사랑은
나누면서도 커지는 기적의 열매,
기뻐하며 감사하며 사는 날마다
사랑의 성모님 당신을 닮기를 기도합니다
우리들 몸이 당신 사랑의 통로가 되게 하렵니다

세상 어둠이 아무리 검다 해도
세상 소음이 아무리 크다 해도
작은 촛불 밝히고 기도한다면
사랑의 기적으로 이어지는 일 년이 될 것입니다
일 년 삼백 육십 오일이 성모님의 밤이 될 것입니다

해어화解語花
- 성모의 밤 행사에

장미를 꽃의 여왕이라 합니다
나는 아침 장미꽃길을 걸으며
장미나라 왕자처럼 행복했습니다
이럴 때 가로수는 모두가 정원수요
도시는 전체가 초록의 낙원이었습니다
어떻게 이 도시를 세속이라 했던가요

말하는 꽃을 만났습니다
하늘을 향해 온몸을 뻗어
제 몸의 높은 곳에 영혼을 담은 얼굴,
그 얼굴에 하늘의 영광이 비치고
입에서 나오는 건 하늘소리였습니다
어떻게 이 존재를 속되다 할 수 있나요

인간 한계의 끝은 하느님의 시작
스스로를 낮추어 겸손한 인간은
날마다 얼굴에 고귀한 영혼
하느님 얼을 다듬고 집을 나섭니다
보석 같은 하늘나라를 가슴에 담고 살아갑니다

하늘소리는 요란하지 않습니다
조용한 말로 가슴속 양심을 불러냅니다
하늘소리는 큰 소리가 아닙니다
작은 소리로 영혼을 흔드는 소리
어쩌면 하늘소리는, 하늘소리는
사랑의 침묵 속에 있습니다
양심과 정의와 사랑의 소리가 하늘소리입니다
하느님의 나라는 이미 우리 속에 있습니다

오늘 밤 사랑의 어머니
성모님 앞에 꽃을 올립니다
바치는 꽃보다 말하는 꽃이 예뻐서
서로 사랑하고 아껴주는 꽃이 좋아서
당신이 할 일을 실천하는 꽃이 좋아서
당신은 기뻐하실 것입니다
우리가 말하는 꽃이 되길 바라십니다
우리가 양심밭을 지키는 파수꾼이길 바라십니다

그래서 오늘 축제의 밤은

하늘의 영광이 모이는 자리이며
땅의 평화가 시작되는 자리입니다
오늘 밤은 세상이 성모님의 밤이 되는 것입니다
오늘 밤은 우리가 꽃이 되는 밤입니다
우리 모두가 꽃으로 되어야 하는 밤입니다

성모님을 모시면서
- 월성성당 성모상 건립 기념시

성모님 어머니
해마다 맞는 오월이지만
당신을 모시는 올해 오월은
풍성한 축복이 쏟아지는 달입니다

겨울 칼바람 속에서
가지를 잘라내는
전지가위의 아픔을 겪고
아름답게 조경된
소나무는 감사의 기도 자세입니다
도심 속에서 아카시아 나무는
한 해 동안 실어올린 수액들을
향기로 만들어 쏟아 붓고 있습니다
아 그리고 촛불은, 촛불은
제 몸을 태워 눈물을 흘리며
빛으로 우리를 밝히고 있습니다

이 모두가 아들 예수님의
십자가 희생으로 가져 온 거룩한 사랑을

우리에게 보여주고 있습니다
이 거룩한 자리에 성모님, 당신의 자리를 마련했습니다
어머니, 고통 속에서 더 간절히 부르고픈
어머니의 이름이었습니다

지난 동안 우리는 아픔을 겪었습니다
고귀한 생명들이 눈에도 보이지 않는 작은 세균의
희생제물이 되어 우리에게서 떨어져 나갔습니다
이 재앙이 설치는 동안 우리는
우리의 마음도 잃었습니다
만나지도 못하고 말하지도 말아야 하는
감옥 속의 세월을 살았습니다
재앙 앞에서 감시와 처벌이 능사가 되고
만남을 제한하고 이웃을 고발하는 비열한 사회가
당연한 것처럼 우리의 마음 밭은 황폐해졌습니다

진실 추구는 따뜻한 아랫목이 아니라
구들장까지 들추어 흑백을 밝히는
결연함이 있어야 하는데

메스컴이 전하는 편안함 속에서
진정한 눈과 귀를 닫아버렸습니다

양심은, 올바른 양심은 하늘 끝까지 우러러
한 점 부끄럼이 없는 양심이어야 하는데
손바닥으로 내 얼굴만 가리고 외면했습니다
잘라내는 가위는 잘려나가는 가지의 아픔을 모릅니다
제 몸을 태우는 촛불은 남을 태우는 데 사용했습니다
세상은 잘못하지만 우리는 비겁했습니다

어머니, 이런 마음밭에 어머니를 모시려 합니다
우리의 아픔을 모른 체하지 않으시는 어머니이시기에
우리의 부족함을 잘 아시는 어머니이시기에
하늘과 우리 사이의 공간, 높은 바위에
어머니 당신을 모십니다

십자가를 지신 그 아드님을
안았던 그 품은 얼마나 넓었을까요
재앙 앞에서 속수무책인 우리들을

얼마나 안아 주시려 했을까요
희생과 용서와 화해와 사랑으로
우리를 위해 얼마나 기도했을까요
당신을 만나는 것조차도 죄가 되는 시기에
당신을 그리는 노래는 마스크 안에서 끓고 있습니다

가슴에 차오르는
양심과 정의와 사랑의 용광로는
결코 마스크로 막을 수 없습니다
재앙 앞에서 더 크게 빛을 발할 것입니다
자연의 봄이 오듯이 세상의 봄도 반드시 올 것입니다

오늘은 조촐한 자리이지만
이제부터 더 많은 우리들이 모여
당신을 기리는 찬가를 소리 높여 부르겠습니다
마스크 벗고, 어두운 마음도 벗어버리고
소나무와 아카시아 그리고 촛불이 축복하는
이 자리에서 당신을 기리겠습니다

어머니, 어머니가 세상을 바꾸는 것이 아니라
어머니 자녀인 우리가 세상을 만들어 감을 압니다
어머니 치마끈 잡고 늘어지는 철부지가 아니라
담대하게 당신의 마음을 바탕으로 삼아
세상에 나아가서 어머니의 자녀가 되겠습니다
세상 가운데 그리스도인으로 서서
당신을 영광스럽게 하겠습니다

어머니 조촐하지만
세상의 온갖 것을
축복으로 만드시는
사랑의 자리에 어머니를 모십니다
그리고 어머니, 우리가 어머니를 사랑합니다

                              - 2021년 성모성월에

기적의 손
- 성모의 밤에

담벽을 오르는 담쟁이덩굴에는 기적의 손이 있습니다
잎이 되어야 할 손이 빨판이 되어
담벽에 붙어서 떨어지지 않습니다
마주 나는 잎이 하늘을 향해 팔을 흔들 때
흔들리는 잎을 꼬옥 붙들고 있는 손이 있습니다
다른 잎을 위해 희생을 선택한 손,
자기의 삶을 버리고 남의 생명줄이 되기를 선택한 용기
죽음으로 삶을 껴안은 손이 있어 절망의 벽을 오릅니다

기적의 담쟁이 손을 보면서
2000년 전의 한 죽음을 생각합니다
사랑 때문에 죽음을 선택한 예수님을 떠올리며
그 기적의 현장을 지키고 계셨던 사랑의 어머니,
성모님 당신을 떠올립니다
미움도, 선동도, 고함도, 고통도
거룩한 사랑으로 감싸 안으신 어머니 성모님!
해마다 생명이 넘치는 오월이 오면
거울을 보듯 우리 삶을 비춰봅니다

오십 층 높이에 살면서도 떨어질 일이 없다고 합니다
산을 뚫은 굴속 지하도를 지나면서도
땅은 결코 무너질 일이 없다고 합니다
천길 깊이의 바다 위에서 배를 타고서도
물에 빠질 위험이 없다고 하고
만길 높이의 하늘을 날면서도 날개가 없음을 알지 못합니다
온갖 문명을 누리면서 우리는 너무 생각 없이 살고,
교만하게 살고 있습니다

상식이라는 통념에 휘말려 사소한 악에 물들어 있고
작은 인정에 끌려 정작 올바른 정의를 외면하며 살았고
거짓과 선동과 무분별한 정보에 양심을 내맡긴 채
생각 없이 살았습니다
큰 목소리가 옳은 소리라는 등식에 동조하며 살았습니다
구조적 사회악에 편들어
인간의 고귀함을 짓밟는 일에 완장을 차고 앞장섰습니다
배려하고 용서하고 껴안는 삶을 몰랐습니다
보리밭 종달새 하늘 높이 치솟는 이 오월을

우리는 그냥 생각 없이 살았습니다

낙동강 전투의 쏟아지는 총탄 속에서도
살아남은 역전의 용사들이
코로나로 이름 짓는 미세한 알맹이에 희생되어
우리 곁을 떠났습니다
울어 주는 문상객도 없었고, 조문과 위로의 한마디도 없이
조국수호의 영웅, 산업화의 역군을 죄인처럼 보냈습니다
언젠가는 역사책에 남겨질 이 현실 속에서
우리는 인류적 위험에 안이하게 대처했고
비겁하게 행동했고, 남의 고귀한 생명에 대해 등한시했습니다
더구나 우리 신앙인은
잡다하게 필요하다는 지식으로 많이 아는 것이 중요한 게 아니라
깊은 고민과 믿음으로 얻어지는
지혜와 슬기로운 삶이 있어야 하는데
우리 역시 생각 없이 살았습니다

어머니의 자녀답지 못하게 부끄럽게 살았습니다

미움도 아프게 하지만 무관심은 더 잔인합니다
찌그러진 탱크를 TV 화면으로 보면서
그 탱크에 앉았던 꽃다운 청춘에는 관심도 없습니다
미사일의 속도와 위력에는 관심이 있으면서도
그 미사일에 희생될 수많은 목숨에는 관심이 없습니다
이렇게 지구는 아픈데도 우리는 아프지 않습니다
머리에서 가슴까지의 거리는 지구 끝보다도 더 멉니다

성모 어머님! 우리들이 얼마큼이면
어머니의 그 사랑을 알겠습니까?
저희들이 부족하고 잘못하여
엄청난 고통을 겪어야 하지만
당신이 가진 배려와 용서와 희생과 사랑의 길을
가르쳐주십시오
남을 태우는데 사용했던 부끄러운 촛불은
자기를 희생하는 거룩한 눈물이 있었음을 알게 하시고
촛불은 서로가 서로를 아름답게 비출 때

거룩한 빛이 난다는 것을 깨닫게 해 주십시오
어깨를 부딪치면서도 웃는 장미꽃은 더 예쁩니다
비좁게 자라는 잔디는 더욱 푸르고
가지를 섞은 나무들은 더 아름답습니다

많은 것을 가지고 있으면서도 만족하지 못하는 삶을
당신을 모시는 넉넉함으로 살겠습니다
세속의 저 위에 있는 것들을 추구하며 살겠습니다
내 삶의 뿌리가 되어,
저 담쟁이덩굴의 기적의 손이 되어
나의 삶을 꼬옥 붙들고 계시는
당신께 부끄럽지 않게 살렵니다
어떻게 사는 것이 양심과 정의와 사랑의 길인지
생각하며 살겠습니다
치마끈 붙든 철부지에서 이제는
세상 속에 당신을 증거하며 살겠습니다
2000년 전 죽음으로 기원을 바꾼 기적을 기억하겠습니다

우리의 삶이 한껏 즐거운 것은

문명의 편리함 때문이 아니라 우리를 위하여 기도하시며
내 삶을 기적의 손으로 떨어지지 않게
붙들고 지켜주시는 당신의 사랑의 힘 때문임을 알고
우리의 작은 정성을 모아 감사의 장미꽃을 바칩니다
오늘 이 밤 축복의, 기적의 힘을 깊이 간직하겠습니다
오늘도 내 삶을 붙들고 계신 성모님, 사랑합니다

| 시인의 산문 |

나의 부끄러운 이야기

나는 6남 1녀의 셋째 아들이었다. 설날이 되면 일 년에 한 번 새 옷을 사주셨다. 그해 아버지께서 장을 봐오셨다. 당연히 큰형의 옷은 사셨고 어머니께서는 작년에 입었던 큰형의 옷을 깨끗이 빨아 작은형에게 주셨다. 나는 작은형이 입었던 헌옷을 또 입어야 했다. 헌옷을 보고 왠지 서러웠다. 혼자 부엌에서 불을 때면서 운 것 같았다. 그때 어머니께서 우는 나를 보시고 가만히 안아주셨다. 헌옷을 입어도 기분이 좋았다. 어머니 관심을 받아서 기뻤다.

동생을 내가 돌보아야 하던 때였다. 동생은 참 내 말을 잘 들었다. 그런데 엄마가 장보러 가셨을 때 동생이 배고프다고 울었다. 우는 동생이 미워서 동생을 때렸다. 동생이 더 크게 울었다. 우는 동생이 불쌍해 나도 울었다. 우리가 서로 부둥켜안고 울고 있을 때 어머니가 오셨다.

어떤 날은 머리가 아파 저녁을 먹지 않고 잤다. 자고 있는데 내 머리를 어머니께서 시원하고 따뜻한 손으로 짚어 주셨다. 그래서 어떤 날은 일부러 저녁을 먹는 것보다 시원한 어머니 손이 좋아 저녁을 먹지 않고 자기도 했었다. 그렇게 어머니의 사랑을 먹고 자랐다.

조금 더 자라서는 꼴 뜯고 소먹이는 날이 많았다. 순한 소를 들판에 풀어놓고 들판에 누워 하늘을 보는 것이 즐거웠다. 버드나무 꼭대기에 있는 구름을 보고, 구름 위에 있는 높은 하늘을 보는 것이 마냥 즐거웠다. 꿈과 이상에 눈 뜰 무렵 막연하게 셰익스피어가 제일 글을 잘 쓰는 분이라는 걸 들었다. 인도와도 바꾸지 않는다는 사람이란다.

초등학교 때의 일이다. 선생님께서 국어숙제를 내셨다. 국어책을 읽고 반 학생들 앞에서 줄거리를 이야기하라는 숙제였었다. 꼴망태 속에 책을 넣고 소를 먹이면서 읽었다. 참 재미있었다. 종각에 포도 넝쿨을 늙은 말이 뜯다가 신문고로 쓰는 종을 친다는 이야기였다. 다음날 국어 시간에 수줍음 많고 자신 없던 내가 손을 들까 말까 망설일 때 선생님께서 나를 시키셨다. 더듬거리며 했던 내 이야기가 반 학생들에게 재미있었던 것 같아 다음에는 나를 자주 시키셨다. 국어와 좋은 인연이 시작되었다.

중학교 때는 나와 이름이 같은 국어 선생님께서 나를 좋아하셨다. 어렸을 때 이름은 원규였었다. 다른 과목은 별로인데 국어는 항상 1등을 하는 내가 장했던 모양이다. 그런데 중학교 2학년 때 지각을 무려 96번이나 했다. 지금으로 치면 문제아인데 지각 때문에 크게 혼난 적은 없었던 것 같다. 농촌의 어려움을 익히 아시는 담임 선생님께서 이해해 주셔서 참 고마웠다.

빈혈이 있었던지 지각하지 않으려고 달려서 겨우 조회하는 운동장에 서면 핑 돌아 쓰러졌다. 그러면 내 옆 친구들이 나를 붙들고 양호실로 데리고 갔다. 시원한 양호실 바닥에 눕히고 가면 양호 선생님께서 오셔서 내 허리띠를 풀려 하신다. 냄새 나는 나를 부끄러워 보이기 싫어 허리띠를 움켜잡고 있을 때에 내 손을 탁 때리며 꾸지람하시던 그 예쁜 여선생님 참 고마운 분이셨다. 그렇게 보드라운 손에 잡혀보기는 난생 처음이었다.

고등학교를 보낼 엄두를 아예 못내는 형편인데 농업계 고등학교에 가면 연구 장학생이 있다는 말을 듣고 고등학교에 진학을 하게 되었다. 연구 장학생이 되어서 학년 초에 묘포장에서 남들은 공부를 하는데 나는 묘포장에 일을

해야 했다. 그때 선생님께 "일이 우선입니까? 공부가 우선입니까." 하고 당돌하게 대들었던 기억이 있다. 연구장학생을 포기하고 공부를 하게 되었다.

2학년 때 추수감사절 행사 때 내 시가 장원에 뽑혀 상을 받은 적이 있었다. 학교 대표로 나가서는 기초가 없어서 입상도 하지 못했다.

농고에서는 농업경진 대회가 한 해의 큰 행사였다. 전교생을 강당에 한 줄로 세워 놓고 호르라기 소리에 맞춰 이동하면서 풀이름 벌레 이름을 적었다. 학교에서 대표로 뽑혀 경남 대회에 출전하게 되었다. 경남 대회에서는 경운기 시동 걸기 실기 시험이 있었다. 한 번도 해본 적이 없는 나는 난감했다. 비상수단을 써야겠다. 손을 번쩍 들어서 "이 경운기 고장입니다." 하니 "뭐가 고장이야." 하면서 내 앞에서 걸어 보이셨다. 그대로 해서 통과하여 경남 대표로 서울까지 갔었던 때가 있다.

고등학교 졸업 때이다. 공무원 시험공부를 하고 있을 때 초등학교 교원 양성소 제도가 있었다. 큰집에 입양을 한 나는 부선망 단대 독자가 되어 군 면제로 응시할 수 있었다. 그 시험에 합격되고 다른 시험은 응시조차 하지 않았다. 빡빡 머리인 채로 모교인 초등학교에 갔을 때 은사

님께서 "너 여기 뭐 하러 왔노?" 하고 물을 때 "여기 발령 받고 왔습니다." 하니 곧바로 선생님께서 "아 그런가. 자네 이름이 뭐더라." 그때부터 은사 선생님과 함께 교무실에서 근무하게 되었다.

초등학교 교사로 근무할 때였다. 비라도 올라치면 애들은 우산이 없어 비료 포대를 덮어쓰고 오기도 했다. 또 비를 그대로 맞고 왔으니 꼬질꼬질 때 낀 몸에서 모락모락 김이 나는 것이어서 콤콤한 냄새 속에서 아이들을 가르쳤다. 참 철없이 열심히 가르쳤다.

마치고 하숙집으로 가는 길에 막걸리 한 사발을 들이키고 왕소금 안주하여 저녁 먹고 자면 새벽이면 잠이 깬다. 유달리 강물 소리가 크게 들리고 전기불도 밝았다 어두웠다 하는 하숙집에서 중등학교 준교사 자격시험을 공부했다. 그때 초등학교 교사들에게는 그 시험합격이 선망의 대상이었다.

내가 좋아하는 국어를 공부했다. 3년 만에 한 번 떨어지고 두 번째 합격했다. 고졸 출신인 내가 고등학교 선생이 되었다. 그러나 항상 부족하다는 마음이 있어 야간대학으로 대학원으로 올빼미 공부하여 고등학교 교사로 정년퇴임을 하게 되었다.

그때 내가 근무하던 여고에서 유명하신 도광의 선생님을 만나면서 문학에 눈을 떴다. 정년을 3년 앞두고 있을 때에 정년 후에 30년이 남아 있다는 것을 알고 은퇴 후의 준비로 문학을 그리고 취미로 탁구와 서예를 택했다. 지금 생각하면 참 잘 선택했다 싶다. 그렇게 시는 나에게 다가왔다.

시가 좋은 이유를 말해야 할 것 같다. 시는 강요하지 않는다. 가르치려 들지 않는다. 훈계하고 가르치는 말은 설득하지 못한다. 즉 논리만으로는 설득하기 어렵다. 그렇게 많은 명언과 속담이 있어도 움직이게 하지 못할 때가 있다. 오늘날의 논쟁에서도 상대진영의 말만 나오면 채널을 돌리는 것과 같다.

시는 열어 보인다. 엄마야 누나야 하면 강변이 떠오르고 하늘 밑 푸른 바다가 흰 돛단배를 내 눈 앞에까지 끌고 들어온다. 경계를 허물고 감성을 자극하여 우리를 정말 살맛나는 세상으로 초대하는 것이다. 그래서 나는 시가 좋다. 시는 가르치려고 하지 않는다. 그래서 오늘도 시를 쓴다.